Anton & Anton Pichler

# Tor zur Wandlung

## Die Wege des I Ging

Leykam

Von dieser Auflage
wurden
die ersten
tausend Exemplare
numeriert.

海

Nr.:478

*Vertraue deinem Schicksal!*
*denn das Schicksal bist du selbst.*
*Dein Glaube schafft die Wirklichkeit,*
*in der du lebst.*
*Mache dieses Buch - dieses 'Tor zur Wandlung'*
*zu einem Freund.*
*Vertraue ihm.*
*Schenke ihm Respekt und Ehrfurcht,*
*dann findest du dich selbst -*
oder auch nicht.


Lithos: Repro3, Innsbruck
Druck: LeykamTiskarna d.o.o.
ISBN 3-7011-7316-8

***Dieser Bildband*** ist ein Orakelbuch. Er enthält keine herkömmlichen Bilder, er enthält *technische* Bilder: Fotografien. Durch Benutzung des Zufalls werden diese Fotografien zu Fenstern, in denen man das schauen kann, was uns seit jeher durch seine Rätselhaftigkeit mit unwiderstehlicher Kraft anzieht: die Erfragung unseres Schicksals.

Die Grundlage dieses Orakelbuches bildet das wahrscheinlich älteste Buch der Welt: Das Buch der Wandlungen - das Buch der Weissagungen - das *I Ging*. Seine Ursprünge verlieren sich nach sechstausend Jahren im Irrgarten der Vergangenheit, als es noch keine Geschichtsschreibung im heutigen Sinne gab. Am Anfang erhielt man auf seine Fragen die wohl einfachsten und zugleich schwierigsten Antworten: sowohl *Ja* als auch *Nein*. Das Element *Entscheidung* ist bereits enthalten. Im Laufe der Zeit wurde dieses Antwortsystem vielschichtiger - der Raum der Deutung wurde erweitert. So entwickelte sich der Urstoff des I Ging - die 64 heiligen Hexagramme, die 64 heiligen Bildzeichen. Durch diese gelangte man mithilfe der *sinnenden Betrachtung* und der *allumfassenden Eingebung* zu einer Antwort. Die Entscheidungsfindung erlangt eine neue Qualität. Diese Bildzeichen waren die Vermittlung zwischen dem Menschen und der Welt. Sie sollten dem Menschen die Welt, in der er wandelte, vorstellbar machen. Er begegnet der *Imagination* - der Kraft der Ein-Bildung. Im Weiterlauf der Zeit wurden Texte zu den Bildzeichen verfaßt. Die Texte wurden kommentiert. Die Kommentare interpretiert. Die Interpretationen variiert. Die Variationen kombiniert. Die ganze Angelegenheit verkompliziert. Heute verlangt die Befragung des I Ging ein ernsthaftes und eingehendes Studium. Wahrscheinlich jedoch ist es *undurchschaubar* geworden. Aus einem *Fenster* wurde ein *Labyrinth der Texte*.

Die Erfindung der Fotografie schließt nun den ewigen Kreislauf der Entwicklung auf der nächsten Ebene: Bilder hatten die Welt vorstellbar gemacht. Sie stellten sich dabei jedoch *zwischen* die Welt und den Menschen. Die Schrift entwickelte sich, und Worte begannen die Bilder zu erklären. Sie wollten die Bilder *zerreißen*, um die Welt dahinter frei zu bekommen. Texte bedeuten nicht die Welt, sie deuten die Bilder, die sie zerreißen. Texte entziffern heißt folglich, die von ihnen gedeuteten Bilder zu entdecken. Sie befinden sich in Form von Fotografien im vorliegenden Buch.

Mit diesem Buch und der Zuhilfenahme von drei Münzen können Sie Ihr Schicksal erfragen. Über die durch *Zufall* ausgewählte Fotografie wird sich Ihr Schicksal auf dem Wege der sinnenden Betrachtung und der allumfassenden Eingebung offenbaren. Es ist vom technischen Ablauf her gesehen so einfach, Sie könnten eigentlich nach ruhigem Durchlesen des Kapitels *Das Münzorakel* (Seite 11) mit der Orakelbefragung beginnen. Die Deutung der Bilder, zu denen Sie durch das Münzorakel gelangen, unterliegt keiner *einzigen* Vorgabe. Trotzdem gilt: Keine der in diesem Buch enthaltenen Fotografien ist je vollkommen positiv oder negativ in seiner Bedeutung. Wer sich mit dem I Ging bereits beschäftigt und ein Buch darüber zu Hause liegen hat, wird durch die Fotografien eine Quelle der Inspiration zu den weissagenden Texten des I Ging erhalten.

Die nun folgenden Betrachtungen stellen dieses Buch in einen ihn kennzeichnenden Kontext.

## *Der Gedanke der Wandlung*

Dieses Buch ist die Überlieferung eines sich seit Tausenden von Jahren wandelnden Gedankens: des Gedankens der Wandlung. Wandlung - das ist der Rhythmus des Lebens. In ihn können wir eingehen - in ihn werden wir eingehen. Mein Auftrag lautete, dieses Buch zu schaffen, bevor ich dort eingehe, woraus ich hervorkomme. Dieses Buch ist kein Buch im herkömmlichen Sinn. Es ist vielmehr ein Weg. Er führt möglicherweise zur Intuition - dem unmittelbaren Erkennen: Das Erlangen eines Momentes der Gewißheit über wahr und falsch, gut und böse, über frei und notwendig. Sein oder Nichtsein - das ist nicht die Frage. Es ist die Antwort.

In jenen Stunden, in denen wir nicht mehr weiter wissen, in jenen Stunden, in denen wir die Lage, in der wir uns befinden, nicht einschätzen können und dadurch zu keiner Entscheidung gelangen, wie wir dieser Lage entkommen können - in jenen Stunden, in denen wir nicht einmal mehr uns selbst vertrauen können, ja in denen wir uns selbst vielleicht sogar vergessen haben, *müssen* wir innehalten, einen Moment der Ruhe einkehren lassen, dann müssen wir schweigen und lauschen, um dann wählen zu können zwischen Loslassen und Beharren, zwischen Gehen und Warten, zwischen Etwas-tun und Etwas-nicht-tun. Die größte Macht des Menschen ist: er kann *nein* sagen. Er kann aber auch *ja* sagen.

## *Das Spiel um Leben und Tod*

*Die Funktion des Menschen liegt in der Fortpflanzung.* Beschreibt sich so unser Dasein? Unsere Existenz? Was ist der Kompaß unseres Lebens? Wohin gehen wir? In welche Richtung? Was ist unser Ziel? Osten?

Was ist unser Auftrag? Existiert überhaupt ein Auftrag? Haben wir ihn vergessen? Ist das *Missing Link* nichts als fehlende Erinnerung? Müssen wir uns *nur* erinnern?

Welche Regeln bestimmen dieses Spiel um Leben und Tod? Und: Wer bestimmt die Regeln? Wodurch gewinnt man dieses Spiel? Kann man es überhaupt gewinnen? Wer ist verantwortlich für unser Dasein? Unsere Existenz? Wir selbst? Gibt es außer uns noch jemanden? Und wenn ja: Versteckt er sich? Beobachtet er uns? Wozu? Was hat er vor? Welche Absicht verfolgt er? Welcher Beweggrund leitet ihn?

"Wenn die Würfel ihren Sinn verlieren, ist kein Spiel mehr möglich." *Antoine de Saint-Exupéry.*

... und die Würfel *haben* ihren Sinn verloren. Es scheint, als gäbe es keine Regeln mehr, nach denen unser Spiel abläuft. Das Spiel ist außer Kontrolle geraten. Nichts hat mehr Gültigkeit. Nichts hat mehr Bestand. Das Wort *tabu* ist tabu. Alles ist möglich. Tatsächlich herrscht ein Zustand der Freiheit. Und deswegen haben wir Angst.

## *Der Zustand*

Was wissen wir denn schon? Und wieviel ist das wert, von dem wir zu wissen glauben? Wir wissen nichts. Wir glauben daran, zu wissen. Wir verwechseln den Besitz von Information(en) mit Wissen. Wir glauben, unsere Bestimmung sei der Zustand der Gewißheit. Unsere Bestimmung ist der Tod?

Definition von *Information*:
als räumliche oder zeitliche Folge physikalischer Signale, die mit bestimmten Wahrscheinlichkeiten oder Häufigkeiten auftreten, sich zusammensetzende Mitteilung, die beim Empfänger ein bestimmtes (Denk)verhalten bewirkt.

Wir denken: 'Es gibt keine Hoffnung mehr', und wir trauen diesem Denken. Wir glauben nicht, daß die Hoffnung in uns selbst liegt; daß wir selbst die Hoffnung sind.

'Es gibt keine Hoffnung mehr!': Das ist nicht wahr. Es gibt kein Glauben mehr. Genauer gesagt: Die Qualität des Glaubens hat sich gewandelt. Wir glauben an das Böse, denn wir glauben an die Information. Gott ist tot. Wir haben nur noch uns. Das ist eine ultimative Herausforderung. Das ist unsere größte Chance. Das ist der Zustand, und egal, ob wir etwas tun oder ob wir etwas nicht tun - der Zustand wird sich wandeln.

Wir befinden uns in einem Zustand des Nicht-Wissens. Das bedeutet: es gibt unendlich viele Wege. Wir sind absolut *desorientiert*. Die heutige Sprachdefinition bezeichnet das als Störung des normalen Zeit- und Raumempfindens. Wir sind umgeben, ja umlagert von Marktschreiern, die allesamt behaupten, *sie* und *nur sie* hätten die Wahrheit gefunden. Ist Wahrheit also, wenn man am lautesten schreit?

Der Zustand des Nicht-Wissens ist ein hervorragender Zustand. Es herrscht die Notwendigkeit zu erfassen: innerhalb der unendlichen Vielzahl der Wege, deren Vielfalt an Fährten uns lockt, gibt es nur einen einzigen, der der richtige, der der wahre ist. Jedoch - so lautet das Gesetz der Natur - es gibt keinen Weg, der der falsche ist. Aristoteles hat uns in die Irre geführt.

Und so machte ich mich auf den Weg.

## *Die Macht des Beharrens in der Zeit*

Dieses Buch ist die Verschmelzung eines seit Tausenden von Jahren entstehenden Werkes - das zwischen den Zuständen 'Stoff' und 'Form' bedächtig hin- und herpendelt - mit dem bedeutendsten Einschnitt seit der 'Erfindung der linearen Schrift': Es ist die Verschmelzung des I Ging - des Buches der Wandlungen - mit der 'Erfindung der technischen Bilder' - der Fotografie. Die Verantwortung, diese technische Errungenschaft mit einem Weisheitsbuch, das vom Werden der Menschen erzählt und zeugt, zu vereinen und damit in die Entwicklung eines solchen *Artefakts* einzugreifen, ist enorm, und ich weiß nicht, wie bewußt ich mir bin, was ich tue.

Ich weiß jedoch, daß es der Weg ist, den ich gehe.

## *Das I Ging - Das Buch der Wandlungen*

Immer schon haben die Menschen in persönlichen Notzeiten oder in Zeiten des Zweifelns und der Unbeweglichkeit Antworten und Auswege gesucht. Sie finden sie in den Sternen und in sich selbst. Diese beiden scheinbar so verschiedenen Welten sind in den alten weisen Schriften vereint: Wurden doch immer grundsätzliche menschliche Verhaltensweisen und Gesellschaftsordnungen den Himmel projiziert, um dann aus den Gestirnen - als göttliche Gesetze - wieder herausgelesen zu werden. Mit dem I Ging liegt uns so ein *universales* Werk vor, das in jeder Hinsicht vielschichtig, mehrdeutig und rätselhaft in der Klarheit der einzelnen Bilder ist.

Im Grunde genommen ist das I Ging eine riesige Projektionsfläche östlicher Weisheitsliebe. Ursprünglich nur in den Hexagrammen überliefert, haben quer durch die chinesische Geschichte viele große Denker Chinas entweder Kommentare (die Zahl beträgt heute zweitausend) zum I Ging verfaßt - oder zumindest genau darin gelesen wie Lao-tse und Konfuzius. So haben vor allem konfuzianische aber ebenso taoistische Weltbilder darin Eingang gefunden wie auch eines der größten Leitbilder chinesischen Denkens, der Gegensatz in der Einheit, yin und yang.

Das I Ging besteht aus 64 *Bild*zeichen (Hexagrammen) mit ihren jeweiligen Hauptbedeutungen, z.B. *Die Entschlossenheit* oder *Das überlegte Warten.* Jedes Bildzeichen besitzt ein eigenes Symbol - ein eigenes Sinnbild. Ein Bildzeichen entsteht aus sechs Linien, wobei jede einzelne Linie aus einem einfachen oder einem gebrochenen Strich besteht. Gemeinsam mit den weissagenden Texten ergibt das Bildzeichen eine Einschätzung, ein Urteil über die Situation, zu der eine klar und präzise formulierte Frage gestellt worden ist. Bildzeichen und Symbol dienen dem Ausdruck der Idee, die hinter den einzelnen Weissagungen des I Ging verborgen liegt.

"Darum befragt der Edle es, wenn er etwas zu machen oder zu tun hat, und zwar mit Worten. Jenes nimmt seine Mitteilungen auf wie ein Echo, es gibt nichts Fernes und Nahes, nichts Dunkles und Tiefes für dasselbe; so erfährt er die künftigen Dinge. Wenn dieses Buch nicht das allergeistigste auf Erden wäre, wie könnte es so etwas?"

Bei den Bildzeichen unterscheidet man die *Alten Zeichen* und die *Jungen Zeichen.* Wie schon oben erwähnt entsteht ein Bildzeichen, ein Hexagramm, aus sechs Linien. Bestimmte Linien - die *weichen* - sind nun bestrebt, sich zu *bewegen.* Durch diese Tendenz zur Bewegung wandeln sich gewisse Bildzeichen: es entsteht ein zweites, neues Hexagramm, das Aussagen über die Zukunft ermöglicht. Die Bildzeichen mit der Tendenz zur Bewegung werden *Alte Zeichen* genannt und stehen im Gegensatz zu den *Jungen Zeichen*, die ausschließlich aus *festen* Linien bestehen.

Die *Jungen Zeichen* geben nur eine Zustandsbeschreibung. Sie stehen im Gegensatz zu den *Alten Zeichen*, bei denen sich zusätzlich die *Wandlung* des Zustandes offenbart.

"Die Wandlungen sind es, wodurch die Heiligen und Weisen alle Tiefen erreicht und alle Keime erfaßt haben."

Das I Ging gibt also nicht nur statische Auskunft über irgendein Ereignis, sondern über die Spannung zwischen zwei Situationen, von denen die zweite aus der Wandlung der ersten hervorgeht. Es ist ein Einschätzen der Gegenwart oder eines Geschehens in der Vergangenheit und ein Absehbarmachen der Wirkungen, die daraus hervorgehen können. Manche Wirkungen werden als unvermeidbar eingestuft. Der Fragende muß sein Schicksal annehmen und es verinnerlichen, um es gutheißen zu können. Manchen Wirkungen jedoch kann der Fragende gegensteuern. Es wird ihm die Möglichkeit geboten, seinem Schicksal zu "entgehen", wenn - ja wenn er der Weissagung des I Ging sowie seiner eigenen Intuition vertraut. Also wenn er an sie glaubt.

"Nur durch das Tiefe kann man alle Willen auf Erden durchdringen.
Nur durch die Keime kann man alle Sachen auf Erden vollenden.
Nur durch das Göttliche kann man ohne Hast eilen, ohne zu gehen ans Ziel kommen."

## *Einleitender Epilog*

Wir Menschen sind selbst unser größtes Geheimnis. Wir müssen versuchen, dieses Geheimnis zu enträtseln, doch ohne die schlußendlich ernsthafte Hoffnung, daß es uns je gelingen wird. Hier liegt das Ziel der Weissagungen des ehrwürdigen I Ging: Der Mensch muß sich selbst beobachten und seine eigene Natur ergründen, anstatt von den wilden Wellen und Wirbeln eines wütenden Wasserlaufes genannt Leben ohnmächtig fortgerissen zu werden. Im tiefen Glauben an unsere Kraft, im Bewußtsein über das Wunder, das wir sind und in demütiger Ehrfurcht werden wir das finden, wonach wir seit jeher streben: nach Halt. Wir werden uns der Vergänglichkeit bewußt werden und sie als Wandlung empfinden.

## *Das verborgene Geheimnis*

Wie findet unsere westliche Gesellschaft Zugang zu einem Werk, dessen Wortgeflechte uns dunkel, undurchschaubar und rätselhaft erscheinen? Wir erkennen zwar die einzelnen Worte, aber die stammen aus einer Welt, der wir den Rücken gekehrt haben. Aus einer Welt, von der wir fortschritten: der Welt der Überlieferung, der Welt der Verantwortung gegenüber kommender Generationen, der Welt der sinnenden Betrachtung, der Welt, in der wir uns als Bestandteil der Natur begreifen.

## *Der Hinweis*

Den Zugang zum I Ging und seinen Geheimnissen zu entdecken - das war das Rätsel, das sich mir stellte. Eines war sicher - es handelte sich um ein unlösbares Rätsel; denn welchen Zugang ich auch immer entdeckte, wer konnte mir sagen, ob er der richtige war? Also wurde mir klar: Die Unlösbarkeit des Rätsels war unerheblich. Und dennoch begann ich dem Umstand, Unlösbarkeit als Lösung zu akzeptieren, allmählich zu unterliegen. Als Schwert und Schild immer schwerer wogen und sie bereits drohten, mir aus den Händen zu gleiten, tauchte ein dreitausend Jahre alter Hinweis auf. Es war die Äußerung des chinesischen Philosophen Wang Pi über das I Ging, gesprochen eintausend Jahre vor Jesus Christus:

"Die Symbole (der Hexagramme) dienen zum Ausdruck der (dahinter stehenden) Ideen, die (den Hexagrammen beigegebenen) Sprüche zum Ausdruck der Symbole. Sobald man aber die Symbole erfaßt hat, können die Worte vergessen werden, und sobald man die Ideen erfaßt hat, können die Symbole vergessen werden. Wer sich hingegen an die Worte klammert, wird nie die Ideen erfassen."

## *Über der Fotografie*

Heute leben wir im Zeitalter der Fotografie - im Zeitalter der technischen Bilder. Wir schaffen diese Bilder, diese gestalten unsere Wirklichkeit. Fotografien sind uns gewöhnlich geworden. Die ewige Veränderung innerhalb dieses *'Fotografischen Universums'* ist uns gewöhnlich geworden. Sie beißt sich in ihren eigenen Schwanz. Diesen Kreis-Lauf zu unterbrechen, das ist die Herausforderung an den Fotografen: Er muß sich auf die Jagd nach dem Über-Dauern begeben.

Tatsächlich erinnern seine Haltung und seine Bewegungen an die uralte pirschende Geste des Beutesuchenden. Dabei ist sein *Bogen* der Fotoapparat. Er muß Bilder *schießen*, denen es gelingt, den vor Gier geifernden Moloch der fortwährenden Veränderung der Vielfalt zu erlegen. Die Gefahr, die hierbei droht, ist, nur kurz als einzelnes Mosaiksternchen innerhalb dieses so prächtig funkelnden Sternenmosaiks unseres *'Fotografischen Universums'* aufzuleuchten, um bald darauf wieder zu verlöschen und so den Kreis-Lauf der Veränderung weiterhin am Leben zu erhalten. Es muß dem Fotografen gelingen, eine übergeordnete Ebene zu erreichen: den Stillstand. Selbst die Wandlung unterliegt ihrer Wandlung. Es offenbart sich, daß eine Philosophie der Fotografie notwendig geworden scheint.

## *Ich Ging auf Zen zur Fotosblüte*

Dieses Buch ist die Verschmelzung zwischen unendlich vielen Ursachen und Wirkungen. Es ist die Vereinigung von Anfang und Absicht. Es ist der Weg von der Idee zur Apokalypse.

Dieses Buch besteht aus 64 Fotografien. Es handelt sich hierbei um tief sinnbildliche, metaphorisch-intuitive Entsprechungen zu den weissagenden Texten des I Ging sowie dessen Hexagrammen. *Tor zur Wandlung* versteht sich als Stellungnahme aus dem Abendland. Es ist ein vollkommen eigenständiges Werk und gleichzeitig dienende Ergänzung der ehrwürdigen Weissagungen des I Ging. Es ist das dem Gedanken der Wandlung folgende Gegen- und Verbindungsstück zum I Ging. Es zeugt von der Einsicht, daß zwischen den Wurzeln und der Krone des Baumes der Stamm liegt.

## *Abschließender Prolog*

Um Zugang zu dem Wesen in diesem Buch zu entdecken, müssen wir durch ein *Fenster* in jenen Raum gelangen, in dem es lebt. Dieses *Wesen* besitzt unvorstellbare Kraft, weil es nichts als ein Name ist: die Menschen nennen es das *Selbst*. In diesem Sinne bin ich *Fenstertechniker*, und somit gebe ich jenem Fenster den Namen: *Tor zur Wandlung*. Und als ich durch dieses Tor schritt, mußte ich weinen, denn ich erkannte, daß ich alleine war. Und so machte ich mich also auf den Weg.

## *Die Befragung*

Herkömmliche Schicksalsdeutung beschäftigt sich mit der lapidaren Frage: Was wird geschehen? Sie entzieht dem Fragenden, dem Suchenden und damit zum Finden Bestimmten die Verantwortung sowie die oberste Pflicht, dem Schicksal unserer Schöpfung selbst Form zu verleihen. Der Grundgedanke des I Ging erlaubt, daß wir im Sinne Immanuel Kants fragen:

Was ist der Mensch?
Was soll ich tun?
Was dürfen wir hoffen?
Was können wir wissen?

Es handelt sich um die Grundfragen westlicher Weisheitsliebe.

Stellen Sie nun Ihre Frage. Sie stellen sie präzise und exakt. Sie formulieren diese Frage eindeutig und makellos. Es ist die Frage, die es angesichts Ihrer Lage zu stellen gilt - ungeachtet der Antwort, die Sie sich darauf geben werden. Alles hängt bereits davon ab, welche Qualität Ihre Frage besitzt. Alles!

Als nächstes begeben Sie sich auf die *Jagd nach der Kraft*, während Sie Ihre Frage immer und immer wieder stellen. Es bedeutet, sich innerlich zu sammeln und sich der Unendlichkeit zu öffnen. *Wie*, das müssen Sie selbst herausfinden. Alles hängt bereits von der Qualität ihrer Jagd ab. Alles!

In Ihrer linken Hand befinden sich drei Münzen, die Sie ausgewählt haben. Es ist absolut zwingend, daß sich die Münzen in Ihrer linken Hand befinden, es sei denn, Sie entscheiden sich für die rechte Hand. Irgendwann kommt der Augenblick, in dem Sie die Münzen werfen. *Wann*, das müssen Sie entscheiden. Sie wählen den Moment. Alles hängt von Ihrer Wahl des Augenblicks, alles hängt von der Qualität Ihres Wurfes ab. Alles!

Sie werfen die Münzen insgesamt sechs Mal und notieren jeweils die Zahl, die sich aus dem Wurf ergibt (siehe: *Das Münzorakel*, Seite 11). Die Zahlen und die ihnen jeweils entsprechenden Linien bilden das Hexagramm. Sie entschlüsseln das Hexagramm mithilfe der Tabelle auf Seite 13 und erhalten die Hauptbedeutung mit der ihr entsprechenden Fotografie. Gemeinsam bilden die Hauptbedeutung und die Fotografie Ihre Antwort, es sei denn, Sie verwenden als zusätzliche Quelle die ehrwürdigen Weissagungen des I Ging selbst.

Haben Sie ein *Altes Zeichen* geworfen, erhalten Sie ein zweites Hexagramm. Es erzählt von der wahrscheinlichen oder notwendigen Wandlung der Dinge und ermöglicht in der Haltung aufmerksamer Gelassenheit gegebenenfalls das Erkennen der Zukunft.

## *Intuition*

Das unmittelbare, nicht von einer Vorstellung zur anderen mit denkrichtiger Notwendigkeit fortschreitende, nicht auf vergleichendes und prüfendes Denken beruhende Erkennen, Erfassen eines Sachverhalts oder eines verwickelten Vorgangs. Plötzlich ahnendes Erfassen.

## *Betrachtung über das Lesen einer Fotografie*

Fotografien sind flach. Will man sie auf einen Blick erfassen, bleiben sie oberflächlich. Will man ihre Bedeutung erfassen, ihr Wesen begreifen, ihnen *Raum* geben, muß der Blick tastend mit Hilfe seiner sakkadischen Augenbewegungen über die Oberfläche gleiten. So entsteht eine zeitliche Beziehung zwischen den einzelnen Bildkomponenten - den Teilkräften: Der Augenblick dauert. Er kehrt zu gewissen Punkten, die er unmittelbar wahrgenommen hat, zurück. Aus vorher wird nachher. Die Beziehung der Bildelemente untereinander wird gedeutet und erlangt Bedeutung. Der Zeitraum der Betrachtung wandelt sich zur Raumzeit des Bildes. Es ist eine magische Welt.

## *Die Deutung*

Sie werden durch die Hauptbedeutung in Verbindung mit der Fotografie - dem technischen Bild - vielleicht die Idee hinter den Hexagrammen erfassen. Und wenn Sie die Idee erfaßt haben, werden Sie Ihre Frage im Lichte dieser Idee sehen und entdecken, daß die Antwort in ihr bereits enthalten war.

Toni Pichler

## *Das Münzorakel*

Es gibt viele Möglichkeiten, mit diesem Orakelbuch umzugehen. Sie können nach einem eigenen, ausgeklügelten, selbst erdachten Prinzip vorgehen. Sie können einfach darin blättern. Eine Methode ist die Anwendung des Münzorakels. Sie entspricht einer der beiden Arten der *Zufallsrechnung*, mit denen man zu den Hexagrammen des I Ging gelangt. Die zweite ist die Benutzung des Schafgarbenorakels, sie ist jedoch vergleichsweise kompliziert und wird hier nicht aufgeführt.

Nehmen Sie 3 gleiche Münzen (ZAHL = ②, KOPF = ❸) in Ihre Hände oder in einen Behälter, schütteln Sie und werfen Sie - vorzugsweise mit der linken Hand - die Münzen. Es gibt nur 4 Münzkombinationen, die addiert die Zahlen **6**, **7**, **8** oder **9** ergeben:

② + ② + ② = **6**
② + ② + ❸ = **7**
② + ❸ + ❸ = **8**
❸ + ❸ + ❸ = **9**

Die Zahlen **6**, **7**, **8**, **9** entsprechen **"Linien verschiedener Qualität"**:

**6** entspricht einer geteilten Linie ▬ ▬✖
**7** entspricht einer durchgehenden Linie ▬▬▬
**8** entspricht einer geteilten Linie ▬ ▬
**9** entspricht einer durchgehenden Linie ▬▬▬✖

Die drei Münzen werden nun 6 x geworfen.

**Übungsbeispiel:**

Nehmen wir an, bei den 6 Würfen ergeben sich die Zahlen **7**, **6**, **7**, **8**, **9**, **7**.

1. Wurf ergibt die Zahl **7**. Sie bildet die Grundlinie. 

2. Wurf ergibt die Zahl **6**. Sie bildet die 2. Linie. 

3. Wurf ergibt die Zahl **7**. Sie bildet die 3. Linie. 

4. Wurf ergibt die Zahl **8**. Sie bildet die 4. Linie. 

5. Wurf ergibt die Zahl **9**. Sie bildet die 5. Linie. 

6. Wurf ergibt die Zahl **7**. Sie ergibt die oberste Linie. 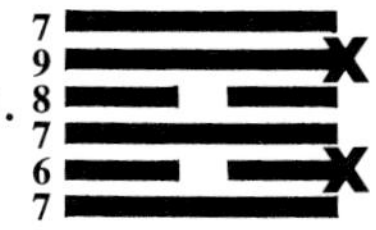

Vor Ihnen liegt nun ein Hexagramm  , das aus 6 durchbrochenen oder durchgehenden Linien besteht. (Es gibt 64 Hexagramme.)

Mit der Tabelle auf Seite 13 finden Sie zu diesem (ersten) Hexagramm 
die entsprechende Zahl (37).

Wir hatten im Übungsbeispiel im zweiten Wurf die Zahl **6** und im fünften Wurf die Zahl **9**. Diese Zahlen unterliegen der Wandlung:

**6** 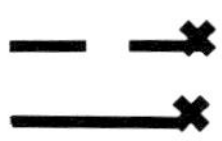 wandelt sich in 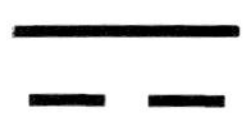
**9** wandelt sich in

Mit dieser Wandlung entsteht aus dem ersten Hexagramm ein neues (zweites) Hexagramm. Ich erwähnte auf Seite 11 **"Linien verschiedener Qualität"**. Diese Linien unterliegen der Wandlung:

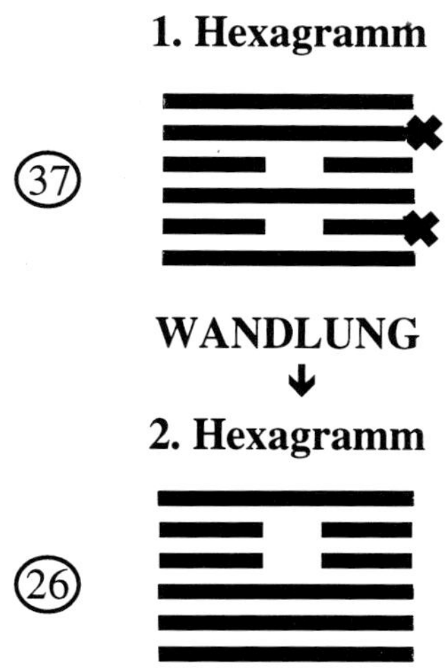


Auf der gegenüberliegenden Seite finden Sie zum zweiten Hexagramm die Zahl (26).

**1. Hexagramm** Laut Übungsbeispiel ergab das 1. Hexagramm  Nummer (37).
*(Altes Zeichen.)* Schlagen Sie daher in unserem Buch Bild 37 nach.
Auf Seite 15 finden Sie ein Verzeichnis der Hexagramme.

**2. Hexagramm** Das 2. Hexagramm  ergab Nummer (26).
Schlagen Sie daher in unserem Buch Bild 26 nach.

**Nur *ein* Hexagramm** Haben Sie beim Werfen der 3 Münzen ausschließlich die Zahlen **7** und **8** (Linien, die sich nicht wandeln) erreicht, ergibt sich nur ein Hexagramm. *(Junges Zeichen.)*

*Tabelle zur Auffindung der Hexagramme*

| OBERE HÄLFTE→ / UNTERE HÄLFTE↓ | KIEN ☰ | DSCHEN ☳ | KAN ☵ | GEN ☶ | KUN ☷ | SUN ☴ | LI ☲ | DUI ☱ |
|---|---|---|---|---|---|---|---|---|
| KIEN ☰ | 1 | 34 | 5 | 26 | 11 | 9 | 14 | 43 |
| DSCHEN ☳ | 25 | 51 | 3 | 27 | 24 | 42 | 21 | 17 |
| KAN ☵ | 6 | 40 | 29 | 4 | 7 | 59 | 64 | 47 |
| GEN ☶ | 33 | 62 | 39 | 52 | 15 | 53 | 56 | 31 |
| KUN ☷ | 12 | 16 | 8 | 23 | 2 | 20 | 35 | 45 |
| SUN ☴ | 44 | 32 | 48 | 18 | 46 | 57 | 50 | 28 |
| LI ☲ | 13 | 55 | 63 | 22 | 36 | 37 | 30 | 49 |
| DUI ☱ | 10 | 54 | 60 | 41 | 19 | 61 | 38 | 58 |

## *Übersicht der Hexagramme*

Auf jedes Hexagramm mit ungerader Nummer folgt seine Umkehrung.
Die Reihenfolge der ungeraden Nummern folgt keiner bekannten Ordnung.

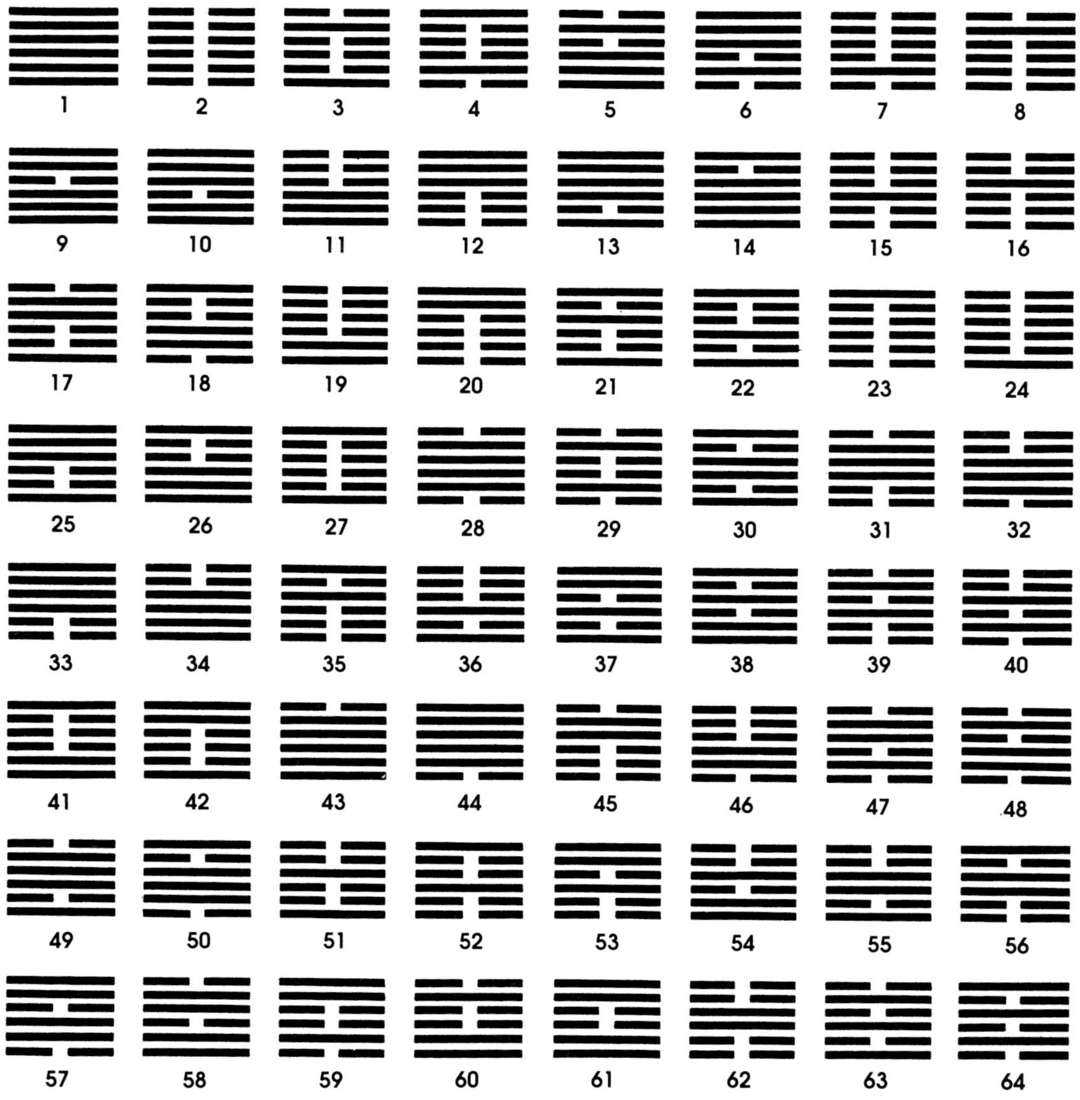

## *Verzeichnis der Hexagramme*

# 1

䷀

## Die schöpferische Kraft

# 乾

# 2

䷁

## Die natürliche Antwort

坤

# 3

䷂

## Die Anfangsschwierigkeit

屯

# 4

䷃

## Die Unerfahrenheit

蒙

# 5

䷄

## Das überlegte Warten

需

# 6

䷅

## Der Streit

訟

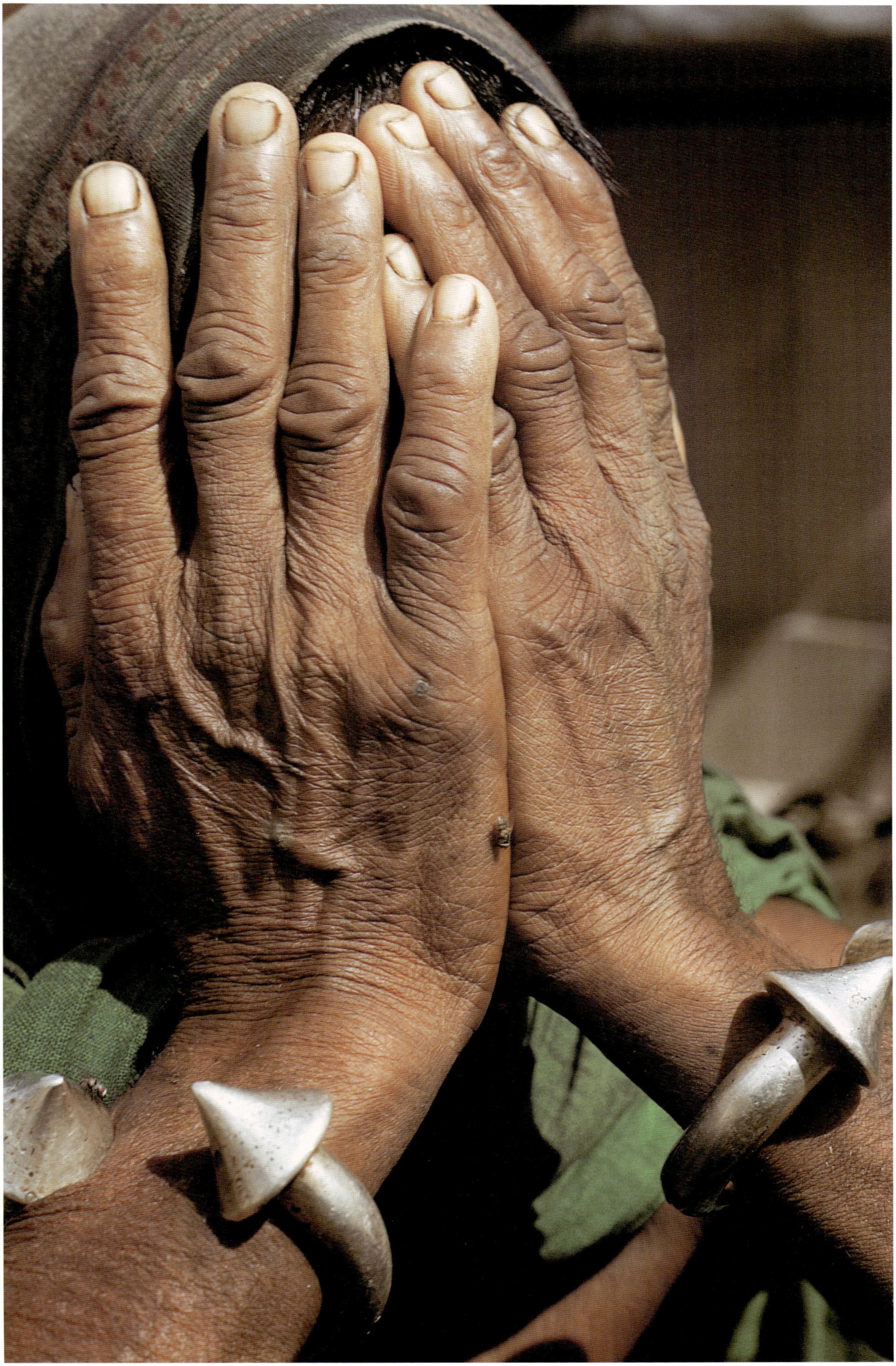

# 7

䷆

## Die gesammelte Kraft

師

# 8

䷇

## Die Einheit

# 比

# 9

## Des Kleinen Zähmungskraft

小畜

# 10

䷉

## Das Auftreten

履

# 11

䷊

## Der Friede

泰

# 12

䷋

## Die Stockung

否

# 13

䷌

## Die Gemeinschaft

# 同人

# 14

䷍

Die Souveränität

大有

# 15

䷎

## Die Bescheidenheit

謙

# 16

䷏

## Der harmonische Einklang

豫

# 17

䷐

## Die Nachfolge

隨

# 18

䷑

## Die Wiederherstellung

蠱

# 19

䷒

## Die Annäherung

# 臨

# 20

䷓

## Die Betrachtung

觀

# 21

䷔

## Die Reform

# 噬嗑

# 22

䷕

## Die Anmut

賁

# 23

䷖

## Die Verschlechterung

剝

# 24

䷗

## Die Wiederkehr

# 復

# 25

䷘

## Die Unschuld

# 无妄

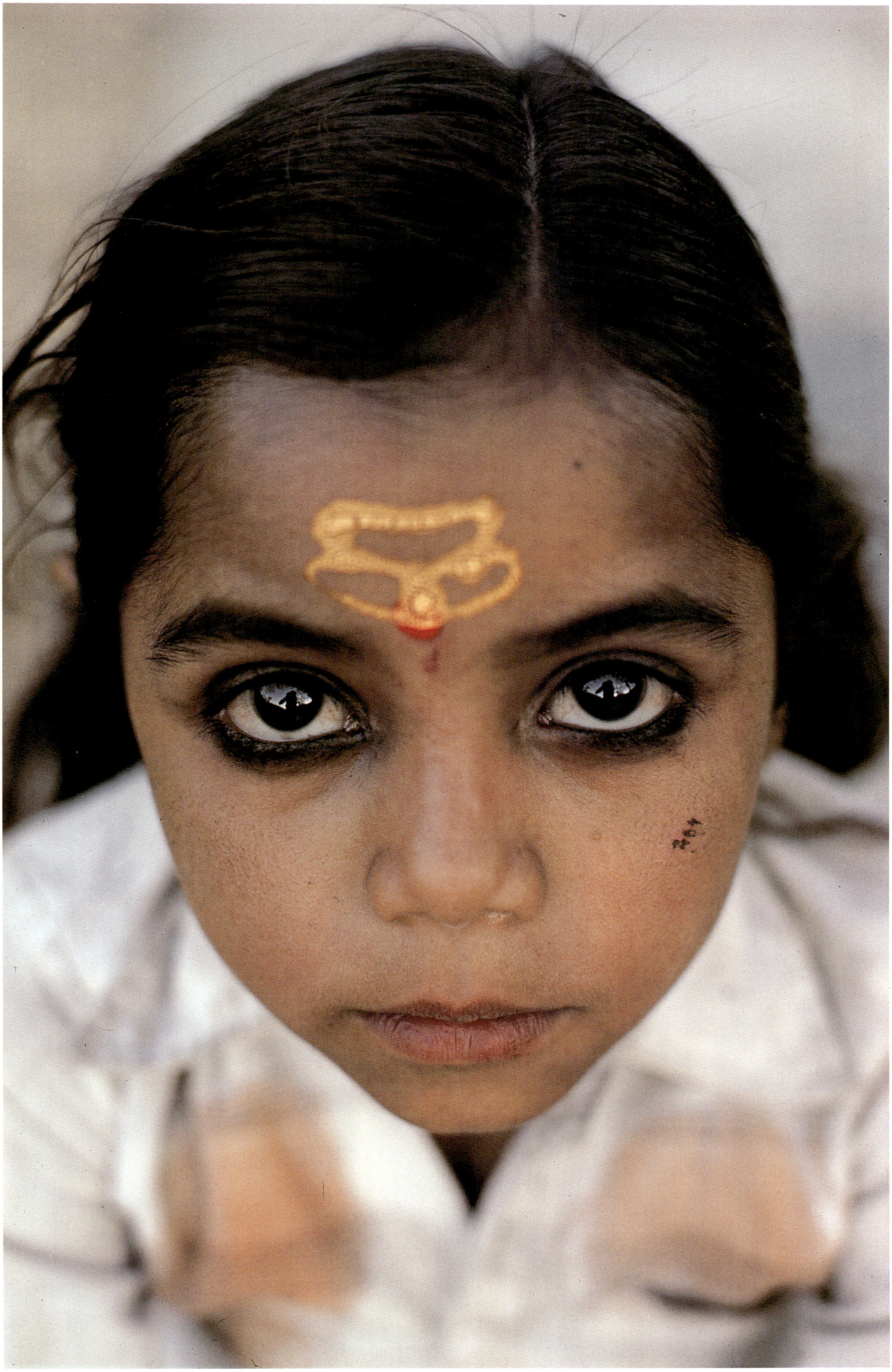

# 26

## Potentielle Energie

## 大畜

# 27

䷚

## Die Ernährung

頤

# 28

## Des Großen Übergewicht

## 大過

# 29

䷜

## Die Gefahr

坎

# 30

䷝

## Das Feuer

離

# 31

䷞

## Die Anziehung

咸

# 32

䷟

## Die Fortführung

恒

# 33

䷠

## Der Rückzug

遯

# 34

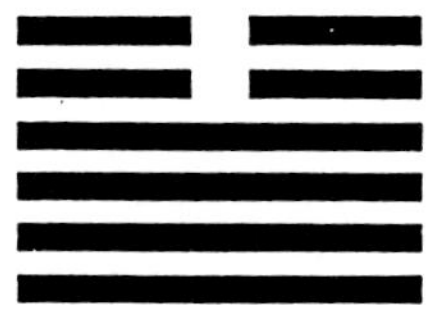

## Die große Macht

# 大壯

# 35

䷢

**Der Fortschritt**

晉

# 36

䷣

**Die Zensur**

# 明夷

# 37

䷤

## Die Familie

# 家人

# 38

䷥

## Der Widerspruch

睽

# 39

## Die Hindernisse

蹇

# 40

䷧

## Die Befreiung

解

# 41

䷨

## Der Niedergang

# 損

# 42

䷩

## Die Mehrung

益

# 43

## Die Entschlossenheit

夬

# 44

䷫

## Die Versuchung

姤

# 45

䷬

## Die Sammlung

萃

# 46

䷭

## Der Aufstieg

升

# 47

䷮

Die Bedrängnis

困

# 48

䷯

## Die Quelle

井

# 49

䷰

## Die Umwälzung

革

# 50

䷱

## Die kosmische Ordnung

鼎

# 51

䷲

## Das Erregende

震

# 52

䷳

## Die Meditation

艮

# 53

䷴

## Die Entwicklung

漸

# 54

䷵

## Das heiratende Mädchen

# 歸妹

# 55

䷶

## Der Zenit

豐

# 56

䷷

## Das Wandern

旅

# 57

䷸

**Der durchdringende Einfluß**

巽

# 58

䷹

## Das Heitere

兌

# 59

䷺

## Die Wiedervereinigung

渙

# 60

䷻

## Die Beschränkung

節

# 61

䷼

## Innere Wahrheit

# 中孚

# 62

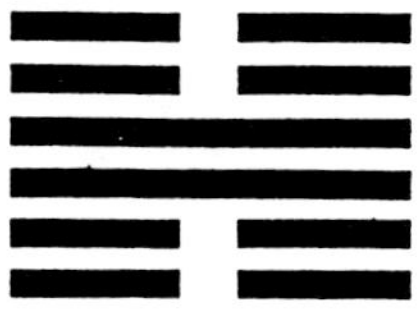

## Des Kleinen Übergewicht

## 小過

# 63

䷾

## Nach der Vollendung

既濟

# 64

䷿

Vor der Vollendung

未濟

## *Bildnachweis:*

**1:** Norwegen / Saltfjord: Ein nur durch drei sehr enge Sunde mit dem Meer verbundener Fjord. Alle 6 Stunden, bei Flut und bei Ebbe, werden riesige Wassermengen durch die Sunde hindurchgepreßt.
**2:** Norwegen / Vik: Herbstboden
**3:** Indien / Kerala / Cochin: Wartende Hindu-Pilger vor einem Tempel
**4:** Indien / Karnataka / Hampi: Kind von Straßenarbeitern.
**5:** Indien / Maharashtra / Nasik: Hindumann am „Ganges des Dekkan"
**6:** Indien / Delhi: Frau nach einem Streit
**7:** Indien / Goa: Frauen im Kloster des heiligen Franz Xaver
**8:** Thailand / Ayutthaya: Steinerner Buddhakopf, im Laufe der Jahrhunderte vom Baum zärtlich umschlungen.
**9:** China / Suzhou: Baum im Garten von Xiyuan Si
**10:** Indien / Karnataka / Aihole: Junge Straßenarbeiterin
**11:** Thailand / Ayutthaya: Buddhastatue
**12:** Indien / Karnataka / Jog Falls: Liegender Baum, der als Brücke benützt wird
**13:** Indien / Udaipur / Rajasthan: Fenster in der Altstadt
**14:** Thailand / Bangkok: Mit Goldfolien verzierter Buddhakopf im Wat Suthat
**15:** Indien / Maharashtra: Landarbeiterin auf einem Holzwagen
**16:** Nepal / Katmandu: Straßenmusiker
**17:** China / Hangzhou: Blatt im Huagang-Park
**18:** Indien / Karnataka / Aravatagi: Blinde Frau mit Gehstock
**19:** Indien / Rajasthan / Jodhpur: Hindufrauen nähern sich mit Geschenken einem Brahmanen (Lehrer und Priester)
**20:** Nepal: Stupa von Bodhnath, das älteste buddhistische Heiligtum Nepals. Gebetsfahnen vor dem allessehenden Auge Buddhas. Entstehung der ersten Stupas 3500 v. Chr.
**21:** Nepal / Kathmandu / Patan: Mystischer Holzkopf
**22:** Indien / Karnataka / Aravatagi: Junges Hindumädchen
**23:** Indien / Karnataka / Hampi: Lepragezeichneter Bettler
**24:** Österreich/Steiermark: Maispflanze
**25:** Indien / Gujarat / Girnar: Jain-Mädchen (Jainismus, eine aus dem Hinduismus hervorgegangene Lehre, 540 v. Chr.)
**26:** China / Shanghai: Schiffstau im Hafen
**27:** Indien / Goa: Fischernetz und muschelsuchende Frau
**28:** China / Bangkok / Wat Phra Keo:
**29:** Indien / Gujarat / Gir Forest: Krokodile im Wildschutzgebiet bei Sasangir
**30:** Indien / Rajasthan / Udaipur: Hinduverbrennung
**31:** Nepal / Kathmandu / Jagannath-Tempel: Erotische Holzschnitzereien am unteren Ende der Dachstützbalken. Im Tantrismus ist der Geschlechtsakt das Symbol des höchsten Ideals und der Befreiung.
**32:** China / Jaingsu / Shizi Liu: Seerose im Tai-See
**33:** Indien / Rajasthan / Ajmer: Pilger in der Arhai-Din-Ka-Jhonpra-Moschee
**34:** Indien / Karnataka / Sravanabelgola: Die 18 m hohe, im Jahre 983 aus einem Felsblock gemeißelte Kolossalstatue stellt den Jain-Heiligen Gomateswara dar und ist das weithin sichtbare Ziel unzähliger Pilgerscharen.
**35:** Indien / Rajasthan / Mount Abu / Dilwara: Jainfigur Adinath (500 v. Chr.) aus schwarzem Marmor im Vimal-Vasahi-Tempel
**36:** Äthiopien / Gondar: Mann vor Gericht
**37:** Indien / Uttar Pradesh / Varanasi: Urgroßvater und Urenkel
**38:** Algerien / Tassili n´Ajjer: Baum im Zentrum der Sahara, der in einem Wadi (wasserloses Flußtal) „überlebt"!
**39:** Indien / Uttar Pradesh / Varanasi: Nackter Hindupilger am Ganges. Ein rituelles Bad gilt als wichtige Stufe zur Erlösung.
**40:** Indien / Rajasthan / Jaisalmer: Flötenspieler
**41:** Indien / Karnataka / Badami: Hindupilger beim Verlassen eines Tempels
**42:** Nepal / Kathmandu / Swayambhunat: Das älteste und bedeutendste Heiligtum Nepals
**43:** Indien / Karnataka / Hampi: Brahmane
**44:** Indien / Andhra Pradesh: Schlangenstein, der dämonsiche Mächte fernhält, hingegen Segen und Fruchtbarkeit hervorzaubert
**45:** Indien / Rajasthan / Mandor: Wartende vor einem Dorfbrunnen
**46:** Indien / Rajasthan / Jaisalmer: 5 Brüder bauten 1800-1860 fünf Patra Havelis (Wohnhäuser). Sie waren Finanziers und Opium-Exporteure. Erker, Terrassen, Torbögen, Veranden, Säulen und durchbrochene Fensterflächen sind ein Wunder der Steinmetz kunst.
**47:** Tibet / Niehlama: Verängstigtes Mädchen während eines Straßentumults
**48:** Thailand / Bangkok: Buddhahände um Wat Treimitr
**49:** Nepal / Nawakot: Shiva-Anhänger bei einem Kultfest
**50:** Indien / Kerala: Palmenhain
**51:** Irland / Giant´s Causeway: Blick von den Klippen
**52:** Indien / Karnataka / Badami: Blick auf den Kultsee von Badami
**53:** Nepal / Bodhnath: Mit Weihrauch und Gebetsfahnen versuchen die hier lebenden Tibeter ihre Götter zu beschwören.
**54:** Indien / Rajasthan / Udaipur: Heiratendes Hindumächen
**55:** Indien / Rajasthan / Mount Abu / Dilwara: Der Vimal-Vasahi-Jaintempel wurde 1031 aus weißem Marmor erbaut. Seine Marmorschnitzereien sind einzigartig.
**56:** Indien / Karnataka / Badami: Mädchen auf Wanderschaft
**57:** China / Jangsu / Suzhou: Yi Yuan (Garten der Harmonie)
**58:** Tibet / Niehlama: Tibeterin bei einem Dorffest
**59:** Nepal / Buddhanilkantha: Das 5 m lange Steinbildnis des ruhenden Vishnu. Sein „Bett", in einem Wasserbecken besteht aus den Körperwindungen der Weltenschlange. Elf Kobraköpfe umrahmen sein Haupt.
**60:** Chile / Chiu Chiu: Gräber neben der ältesten Kirche Chiles (1611), die auf einem Inkakultplatz errichtet wurde.
**61:** Tibet / Gjantse: Ein von Lamaisten verwendetes zylindrisches Gefäß (oft mit auf Papierstreifen geschriebenen Gebeten gefüllt), welches mit der Hand in Drehung versetzt wird. Auf der Außenseite „Om mani padme hum", übersetzt „Oh du Juwel in der Lotusblüte", die heiligen 6 Silben, denen magische Kräfte beigemessen werden. Hauptgebet der Tibeter.
**62:** Nepal / Balaju: Zwei Jungen vor einem Lastenträger
**63:** Indien / Rajasthan / Udaipur: Hindu-Verbrennungsplatz. Im Vorder- und Hintergrund Familienangehörige
**64:** Chile / Ayquina: Blick auf eine weiße Richtungstafel. Im Hintergrund der Co del León (5760 m) und der Co Tocone (5419 m)

Zitate im Text mit freundlicher Genehmigung des Eugen Diederichs Verlags aus: „I Ging. Text und Materialien." Aus dem Chinesischen übersetzt von Richard Wilhelm. München: Diederichs 1993. (=Diederichs Gelbe Reihe.1.)

## *Danksagung:*

Dieses Buch wäre nicht dieses Buch ohne die Einflußnahme folgender Personen. In ihm schwingen: Henriette Jochems und Prof. Gustav Themel.